AF404566

Plaidoyer

POUR LA PARURE.

IMPRIMERIE DE PLASSAN ET C°, RUE DE VAUGIRARD, N. 15.

PLAIDOYER

POUR LA PARURE;

PRONONCÉ

A LA SÉANCE PUBLIQUE DE LA SOCIÉTÉ PHILOTECHNIQUE,

TENUE A LA VILLE, SALLE ST-JEAN, LE 16 DÉCEMBRE 1832,

PAR M. FEBVÉ,

de la Société Philotechnique de Paris, et chancelier de la Société académique
des Enfants d'Apollon,

EN RÉPONSE

A un **Discours** de son honorable ami M. **Berville**,

CONTRE LA PARURE;

PARIS.

CHEZ Mme GOULLET, LIBRAIRE, AU PALAIS-ROYAL,

GALERIE D'ORLÉANS, N° 7,

ET CHEZ LES MARCHANDS DE NOUVEAUTÉS.

———

1833.

PLAIDOYER

POUR LA PARURE.

Présidence de M. Berville. — M. Bouilly occupe le fauteuil.

Éloquent orateur, écrivain gracieux,
Et laissant au palais, dans les plis de sa toge,
Tout le docte embarras des soins litigieux,
Un mien confrère, ici, d'un cœur dévotieux,
A fait de la beauté l'ingénieux éloge.

La beauté, direz-vous, n'eut jamais d'ennemis.
A ses nobles appas tous les cœurs sont soumis ;
Les plus indifférents adorent sa présence ;
Et, louer la beauté, c'est louer la puissance.

Aussi, pour éviter de fades compliments,
Adroitement armé du fouet de la censure,
Il critique la mode et même la parure.

Le sauvage, a-t-il dit, sous d'affreux ornements,
Et le corps tatoué d'une informe peinture,
    Fait disparaître la nature.
A demi policé, par de longs vêtements,
L'homme croit l'embellir, il la déguise encore.
    Mais quand des arts le règne vient d'éclore,
Les grâces du jeune âge et d'élégants contours,
    De la beauté voilà les seuls atours.
Pour séduire nos yeux, d'Amathonte venue,
De Médicis, voyez la Vénus : elle est nue;
    Et c'est la mère des Amours.

A nos chastes beautés, dont l'âme s'est émue,
Notre aimable orateur, sage et de bon conseil,
N'impose pas pourtant un costume pareil.
Pour parure, il leur laisse une robe légère,
Et la fleur qu'en nos champs va cueillir la bergère.

Anathême à la mode! au gênant appareil
Déguisant la beauté qu'il retient prisonnière,
Voire même aux colliers, bagues et ferronnière!!!

De quels ajustements serait-il satisfait?
Quelques appas voilés? c'est un vol qu'on lui fait.

Jeunes beautés qu'on voit minaudières et raides,
Quand l'exige la mode, eh! dit notre orateur,
Pourquoi vous enlaidir de l'appareil menteur
Qu'inventent chaque jour les vieilles et les laides?

De l'élégant discours devant vous récité,
    Ces derniers mots m'avaient désappointe.
A la femme que pare ou jeunesse ou beauté,
Admirateur galant, adorateur fidèle,
    Que votre encens soit présenté;
Mais, d'un reproche amer, n'affligez jamais celle
    Qui n'est plus jeune ou n'a pas été belle.
Du temps qui nous entraîne elle a suivi les pas:
Celle que vous aimez les doit suivre comme elle;
Et peut-être, à défaut d'éphémères appas,
Ont-elles des attraits qui ne vieilliront pas.

Épris de la Vénus à loisir embellie
Des traits qu'à cent beautés emprunta le ciseau,
    Défendrez-vous quelque ornement nouveau
A la femme qui veut vous paraître jolie,
Et qui se rajeunit pour que le temps l'oublie?

Français, aimant la nouveauté,
Eh quoi ! par votre autorité,
La mode, dans Paris, va-t-elle être abolie?
Et, d'un costume nu dans sa simplicité,
Vêtirez-vous, je vous supplie,
La belle qui se montre à votre œil enchanté,
Et qui, pour vous séduire, au don de plaire allie
L'attrait de la variété?

De la mode, chez nous esclave triomphante,
Des mille ajustements qu'un seul caprice enfante,
Elle a choisi ceux qui plaisent le mieux
Aux contours de sa taille, aux brillants de ses yeux.
Regardez : Pour l'absoudre, il suffit qu'on la voie,
Maîtrisant avec art la forme et la couleur,
Draper le cachemire ou déployer la soie,
Et fixer sur son front, où rayonne la joie,
La grâce d'une plume ou l'éclat d'une fleur.

Si, de la mode, un caprice fantasque,
Au lieu de la parer, la déguise et la masque,
Lancez vos traits protecteurs du bon goût.
De ce plaisir malin la raison vous absout.
Mais soyez prêt à soutenir la guerre
Contre une troupe innombrable et légère

D'artistes en jupon, de vendeurs, d'artisans,
De la mode, *quand-même*, aveugles courtisans;
Et déjà je vous vois, victime expiatoire,
Frappé d'un bon réquisitoire,
Et proclamé devant leur tribunal
Réformateur ardent et radical.

Mais pourquoi donc contre eux ce dépit martial?
Laissez-les dérober à vos regards avides,
Nos épouses, nos sœurs et nos filles timides,
Soit que, d'un fin tissu, les plis obéissants
Trahissent par hasard des contours ravissants,
Soit que, des mêmes plis, l'ampleur ingénieuse
Trompe dans son espoir votre ardeur curieuse.

Eh! que peuvent contre eux vos traits les plus puissants?
La mode souveraine imagine et prépare
d'un costume oublié la nouveauté bizarre.
D'une parure laide un critique rira;
Mais la grâce l'embellira:
Et, puisque la mode est française,
En dépit de vous-même il faut qu'elle vous plaise:
Au monde entier elle plaira.

Chez les peuples lointains, pour dicter ses caprices,

La mode a des ambassadrices.
Du mobile cerveau que Protée inspira,
La parure nouvelle est à peine échappée ;
Elle habille avec art le modèle-poupée
Qui, pour chaque ambassade, en poste partira,
Où, sur la nef agile, au bout du monde ira.

Quand, saisis d'un accès de fièvre belliqueuse,
Des peuples accourus d'un rivage lointain
Pour vaincre ou pour mourir les armes à la main,
Couvraient de leurs vaisseaux une mer orageuse,
On a vu la poupée, active voyageuse,
    En paix avec le genre humain,
    Continuer son tranquille chemin
Au milieu des remparts de leurs poupes flottantes
    Et des bouches d'airain fumantes.

Sans craindre le canon ni la captivité,
    Et fier de sa sécurité,
Le mannequin despote, à nos changeantes modes,
A travers l'Océan soumet nos antipodes.
Le Pérou le reçoit dans l'antique Cusco ;
    Il règne aux murs de Mexico ;
Et, si les Mandarins n'y mettaient embargo,
Il ferait son entrée aux pays des pagodes.

Oh ! ne critiquez pas le génie inventif

Qui rend, du goût français, le monde tributaire;
    Et, de la mode, esclave volontaire,
Que la beauté reçoive un reproche moins vif,
    Un hommage moins exclusif.
Si la seule parure est le printemps de l'âge,
Si la seule jeunesse a droit à votre hommage,
    Sous l'ambroisie est caché le poison :
Pour nos jeunes beautés vos phrases si jolies
    Vont devenir chaque jour moins polies,
Et puis ne seront plus à la fin de saison.
Laissez le temps courir, et, pour les mêmes femmes,
Vos madrigaux charmants seront des épigrammes.

Ami ! brisez vos traits : ils frappent à coup sûr
Des défauts que le temps cache encor sous son aile ;
Mais, puisque ces défauts sont notre lot futur,
La satire en est donc fausse, injuste et cruelle.
    Je veux pour vous un triomphe plus pur.

Devant son tribunal, votre philosophie
    Cite la mode aux frivoles atours ;
        La condamne, et nous certifie
Que la parure vraie, et qui plaira toujours,
Est dans un jeune corps aux moelleux contours,
Dans un col élégant et plus blanc que l'ivoire ?

J'en appelle : J'échappe au prestige oratoire.
Moraliste, jugez avec plus d'équité;
   Adulez moins la physique beauté.
D'elle, que votre voix, pour parure réclame
Au printemps de ses jours la timide candeur,
En tout temps et partout la modeste pudeur,
Les grâces de l'esprit et la bonté de l'âme.

Que le bon soit toujours camarade du beau,
   Dès demain je chercherai femme.
J'en conviens, *le divorce entre eux n'est pas nouveau.*
Croyons-en notre bon et malin La Fontaine.
Mais quoi, toujours flotter? quoi, d'une âme incertaine,
Et du bon et du beau sans cesse s'abstenir?
C'est, de leur désaccord, soi-même se punir.
   Et puis, la paix entr'eux peut se conclure :
   L'amour, l'hymen en peut venir à bout.

   Deux miens amis, chacun suivant son goût,
Diversement ont tenté l'aventure.
   Ils aimaient tendrement tous deux.
   Un doux hymen, pour chacun d'eux,
Sur un front virginal a posé sa couronne.
Des deux femmes, objets de leurs plus tendres vœux,
   L'une était belle, et l'autre bonne.

De sa félicité divulgant le secret,
L'époux de la première en vifs transports éclate.
　　Félicité, transports de fraîche date
Que suivit le silence et bientôt le regret.
　　　　Le sage époux de la seconde,
　　　　Aux regards curieux du monde,
A laissé deviner son bonheur plus discret.
　　　　Tranquillement il savourait
　　Une vie en plaisirs chaque jour plus féconde,
　　　　Près de celle qu'il adorait.
L'autre époux n'aimait plus et se désespérait.

　　　　De la double métamorphose,
　　(Soyez discrets) voici la double cause.

Votre œil admirateur souvent s'est arrêté
Sur les traits réguliers d'une froide beauté.
Son geste indifférent, son dédaigneux visage,
　　　　De l'âme ignorent le langage,
　　　　Et ne savent parler qu'aux yeux.
Qu'avec ravissement votre cœur l'eût aimée,
Si, d'un rayon d'amour, Dieu l'avait animée !....
Mais, dès que vous verrez son front impérieux,
Son regard irrité, sa bouche menaçante,
　　D'un esprit faux et d'une âme méchante,

Près d'exhaler la maligne vapeur,
La belle sera laide et laide à faire peur.
Attendez seulement que sa coquetterie,
     Au piége attrape quelque sot :
C'est une énigme encor le jour qu'on la marie;
Le lendemain, l'hymen en donnera le mot.

     Oh! quel contraste! observez auprès d'elle
Cette modeste femme à la bonté fidèle.
Nul poète, à Vénus n'ose la comparer;
     Mais pour l'époux, digne de l'adorer,
     N'est-elle pas plus séduisante encore?
     A tous les yeux, d'un charme qu'elle ignore,
     En rougissant elle va se parer.
Dans son chaste maintien, sur sa bouche riante,
Et dans les accents vrais de sa voix confiante,
     Son âme vient s'épanouir.
On l'admire, on l'estime : Elle fixe l'hommage
     De l'homme léger et du sage
Que de coquets appas n'avaient pu qu'éblouir.
Tout son cœur est à vous quand sa bouche le jure.

Des deux époux pesez les destins différents.
Ils dictent votre arrêt, juges délibérants,
     Sur la mode et sur la parure.

Prononcez. Notre siècle, indulgent par nature,
Tolère, des humains, les vices les plus grands.
Pour leurs habits aussi soyons donc tolérants.

Si, quelque jour, plus sévère, le Code
Bannissait et la mode et sa variété,
Il resterait aux femmes, la bonté :
Cette parure-là sera toujours de mode.

www.ingramcontent.com/pod-product-compliance
Ingram Content Group UK Ltd.
Pitfield, Milton Keynes, MK11 3LW, UK
UKHW020123100726
13658UKWH00005B/2341